DATE DUE

¿Qué es un virus?

Un libro para niños sobre el SIDA

David Fassler, M.D.
Kelly McQueen

Traducido por:
Wanda M. Arce Quiñones

Waterfront Books
98 Brookes Avenue
Burlington, Vermont 05401

Diseñado y producido por Robinson Book Associates
Impreso en los Estados Unidos

Distributed to the book trade by THE TALMAN COMPANY,
150 Fifth Avenue, New York, NY 10011. 1-800-537-8894

Library of Congress Cataloging-in-Publication Data

Fassler, David.
[What's a virus, anyway? Spanish]
¿Qué es un virus?: un libro para niños sobre el SIDA / David Fassler, Kelly McQueen; traducido por Wanda M. Arce Quiñones.
p. cm.
Translation of: What's a virus, anyway?
Summary: A discussion of the deadly disorder known as AIDS, accompanied by children's illustrations.
ISBN 0-914525-17-4 (Spanish paperback)
ISBN 0-914525-16-6 (Spanish plastic comb spiral)
1. AIDS (Disease)–Juvenile literature. [1. AIDS (Disease). 2. Children's art. 3. Spanish language materials.]
I. McQueen, Kelly, 1962- . II. Title.
RC607.A26F3817 1990 90-24631
616.97'92—dc20 CIP
AC

Foreword

Al igual que a muchos de ustedes, se me hace difícil creer que realmente tenga que hablarle a mi hija de cinco años y a mi hijo de siete años sobre una enfermedad tan seria como el SIDA. Desafortunadamente, hoy día el SIDA forma parte de la realidad en la vida de nuestros hijos. Cuanto más aprendo sobre lo que los niños pequeños piensan sobre el SIDA y cuán preocupados y confundidos muchos de ellos se sienten, mejor entiendo cuán importante es educarles sobre esta enfermdad desde una temprana edad.

¿Qué es un virus? es uno de los pocos libros disponibles que nos puede ayudar a enfrentar el tema del SIDA junto con niños pequeños. El libro explica el SIDA de una manera sensible, utilizando palabras y conceptos que los niños pueden comprender facilmente. Contesta preguntas de forma honesta y precisa, y estimula a los niños a expresar sus pensamientos y preocupaciones. Estoy segura que este libro será un recurso de gran valor para adultos y niños a medida que comiencen a hablar sobre este tema tan difícil.

Paula Duncan, M.D.
Coordinadora, Servicios de Salud Escolar
Burlington, Vermont

Reconocimiento

Este libro fue preparado con la ayuda de un fondo educativo de la Fundación Gannett. Queremos expresar nuestro agradecimiento al periódico *Burlington Free Press* y al Environmental Law Foundation por su ayuda en la adquisición de estos fondos. También queremos agradecer a los siguientes amigos y colegas su patrocinio, contribuciones, y críticas tan constructivas:

Dana Alpern, Ph.D.
Carole Betts, L.Ps.
Lucia Copeland, R.N., M.S.
Sara Copeland
Anna Cotton
Nancy Cotton, Ph.D.
Donna Donovan
Paula Duncan, M.D.
Elise Egeter, M.D.
Anne Epstein, M.D.
Ellen Fassler, M.S.W.
Leonard Fassler
Alan Guttmacher, M.D.
Marcia Hemley, Ph.D.
Donna Jacob
Debby Kelly
Sally Loughridge, Ph.D.
Bruce MacPherson, M.D.
Robert J. McKay, M.D.
Michael McQueen, M.D.
Becky Moore, M.S.W.
Phil Mozeika
Sue Niquette
Mimi Pantuhova, Psy.D.
Carol Phillips, M.D.
Bill Rae, Ph.D.
Frank Reed, Ph.D.
Marc Rucquoi
Amy Rofman
Julie Rofman
Paul Schwartzberg
Sara Simpson
Jennifer Stoltz, Ph.D.
Dan Talbert
Kathy Talbert
David Tormey, M.D.
Marty Waldron
Morris Wessel, M.D.

También les estamos agradecidos a los muchos niños que compartieron con nosotros sus pensamientos, interrogantes y expresiones creativas.

Sobre el libro

El SIDA es uno de los problemas de salud más grandes que el mundo de hoy enfrenta. Desde que esta enfermedad fue descubierta en 1981, más de 100,000 casos han sido diagnosticados en los Estados Unidos. Se calcula que actualmente la incidencia de SIDA en el mundo sobrepasa los 500,000 casos.

El SIDA puede ser un tema muy difícil de discutir con niños pequeños. Por otro lado, los niños de hoy oyen mucho sobre esta enfermedad desde una edad muy temprana. Ellos oyen sobre el SIDA en la televisión, en la escuela, en el hogar, y hablan sobre él con sus amigos. Fantasías y temores sobre el SIDA han llegado a ser incorporados a juegos infantiles.

¿Qué es un virus? esta diseñado para ayudar a padres y maestros a empezar a hablar sobre el SIDA con niños pequeños. El libro fue escrito con la ayuda de niños entre las edades de cinco y doce años. El libro incluye sus dibujos y preguntas, y provee información básica sobre el SIDA de una manera apropiada para niños de estas edades.

¿Qué es un virus? no intenta contestar todas las preguntas o dirigirse a todos los aspectos del SIDA. La intención de este libro es presentar el tema y facilitar la discusión. Esperamos que este libro sea una herramienta eficiente para padres, maestros y educadores de la salud al enfrentarse al reto de tratar de explicar el SIDA a niños pequeños.

David Fassler, M.D.
Kelly McQueen
Burlington, Vermont

Una nota acerca de la educación sobre el SIDA y la educación sexual

Entender como el SIDA se transmite sexualmente es obviamente un componente importante de un programa comprensivo de educación sobre el SIDA. Actualmente se recomienda estudiar el problema de transmisión sexual al comienzo del sexto grado. Nosotros concordamos en que este aspecto de la enfermedad no tiene necesariamente que recibir un énfasis excesivo en materiales educativos para niños pequeños. También compartimos la preocupación acerca de que el primer contacto de un niño con información sobre el sexo no debe ser en el contexto de esta enfermedad.

¿Qué es un virus? esta diseñado de forma consistente con currículos educativos para niños entre el primero y quinto grado. Por esta razón, el libro contiene una cantidad mínima de información acerca del aspecto de transmisión sexual de la enfermedad.

Nos damos cuenta de que después de leer el libro algunos niños tendrán preguntas sobre el sexo y la transmisión sexual del SIDA. Padres, maestros y educadores de salud deben de responder a estas preguntas de manera honesta y de forma consistente con el nivel de desarrollo y los conocimientos del niño. Referencias sobre la sexualidad y la educación sexual se incluyen al final de este libro.

Sugerencias para padres y maestros

1. Permita que los niños exploren el libro de su forma predilecta y a su propio paso. Siéntase libre de desviarse del texto en respuesta a los intereses y preocupaciones de los niños. La intención del libro es estimular la discusión.

2. Conteste las preguntas de los niños honestamente, y de una manera apropiada para su etapa de desarrollo. Después de ofrecer una contestación o explicación, es beneficioso evaluar cómo el niño ha entendido e incorporado la nueva información.

3. No tenga miedo de decir "No sé." Dígales cómo usted obtendrá más información y cómo encontrará contestaciones a preguntas (por ejemplo, "vamos a llamar a uno de los números de teléfono que se encuentran al final del libro" o "vamos a escribir la pregunta y obtendremos la contestación en la próxima visita al médico").

4. Infórmese sobre el SIDA. Mientras más sepa, mejor podrá responder a las preguntas de los niños. Recursos adicionales sobre el SIDA para padres y maestros se enumeran al final del libro.

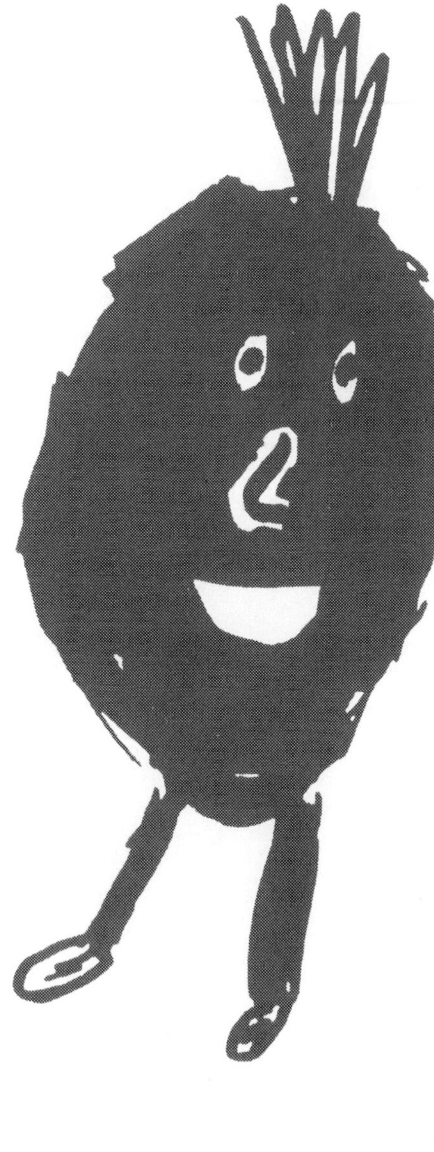

¿Qué es un virus?

Un virus es un microbio pequeñito, pequeñito. Como otros microbios que ya conocemos, los virus, al igual que las bacterias, causan que la gente se enferme. Los virus son de muchas formas y tamaños.

Dibuja un virus.

VIRUS

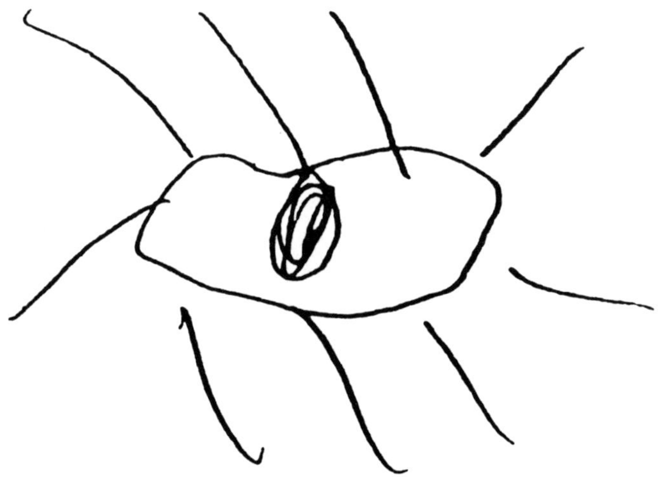

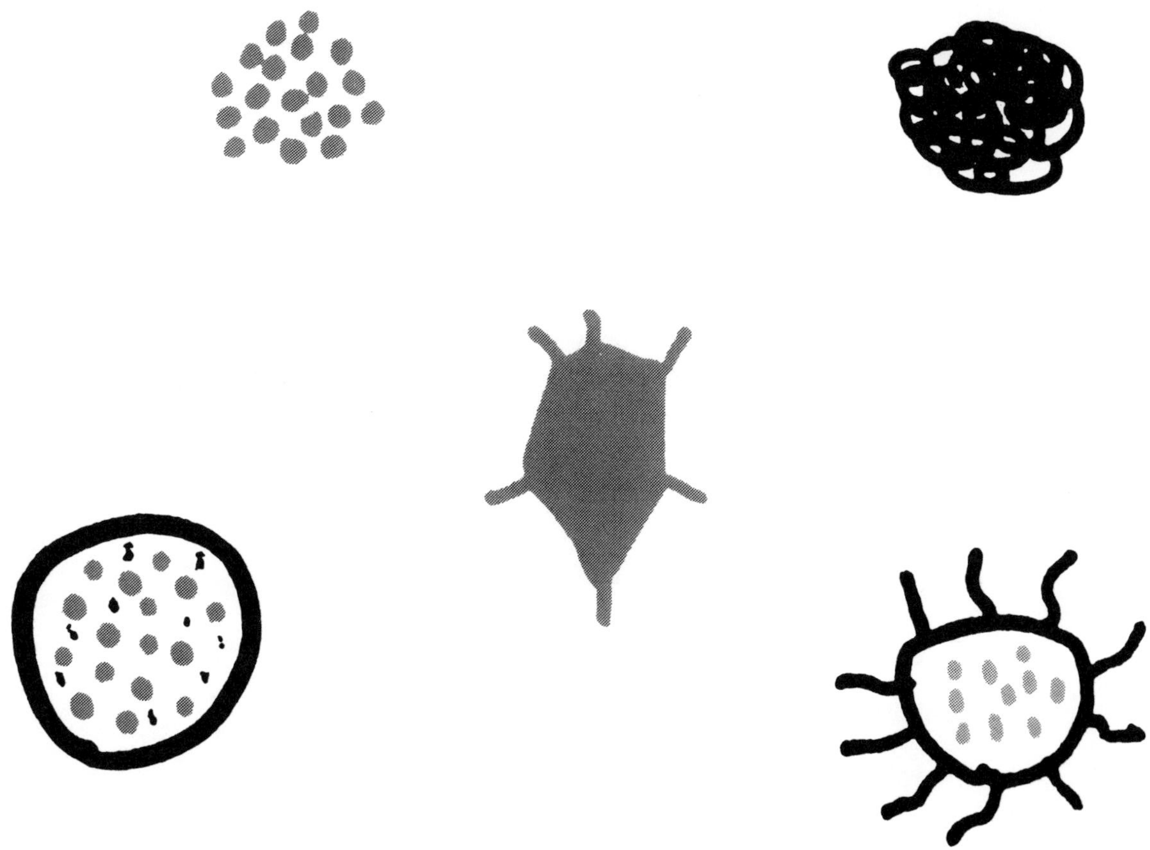

¿Cómo es que un virus hace que te enfermes?

Los virus hacen que te enfermes porque atacan las células sanas de tu cuerpo.

Dibuja un virus atacando una célula.

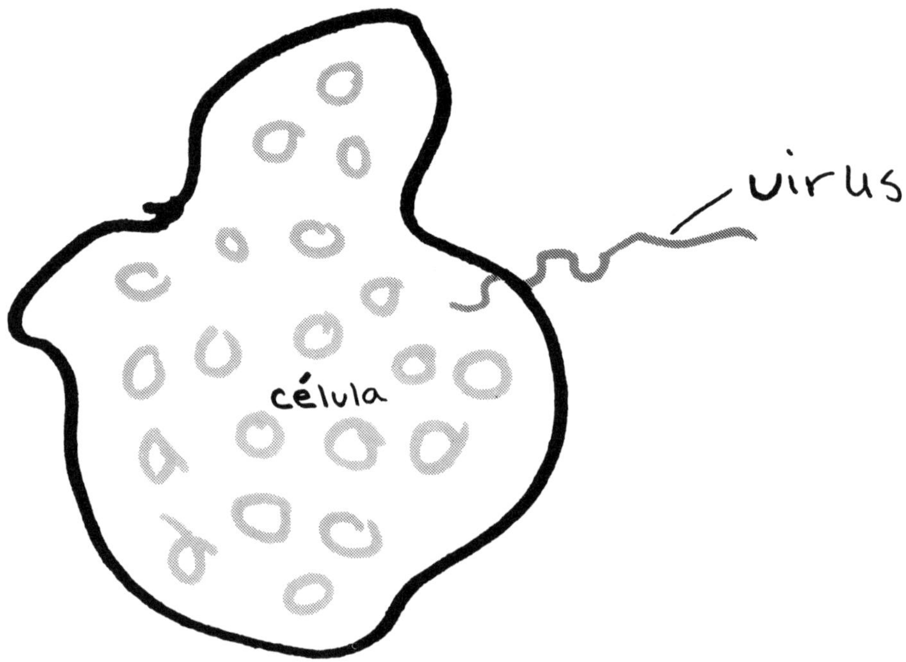
virus
célula

Célula
virus

El virus del catarro ataca las células de tu nariz y garganta. Por eso, cuando tienes catarro te da tos y tu nariz gotea.

Cuando me dió tos, no pude ir a la escuela y me quedé en mi casa.

Hay virus que atacan las células de tu estómago.
Estos virus pueden darte un dolor de estómago.

¡Qué malo es tener dolor de estómago!

Algunos virus son muy comunes, como los virus que causan el catarro, la gripe y la varicela.

La Varicela

Tu cuerpo tiene células especiales que ayudan a combatir los virus. Estas células se llaman *células blancas.* Las células blancas son importantes porque ayudan a mantenerte fuerte y sano.

Dibuja una célula blanca.

Células blancas en una Vena

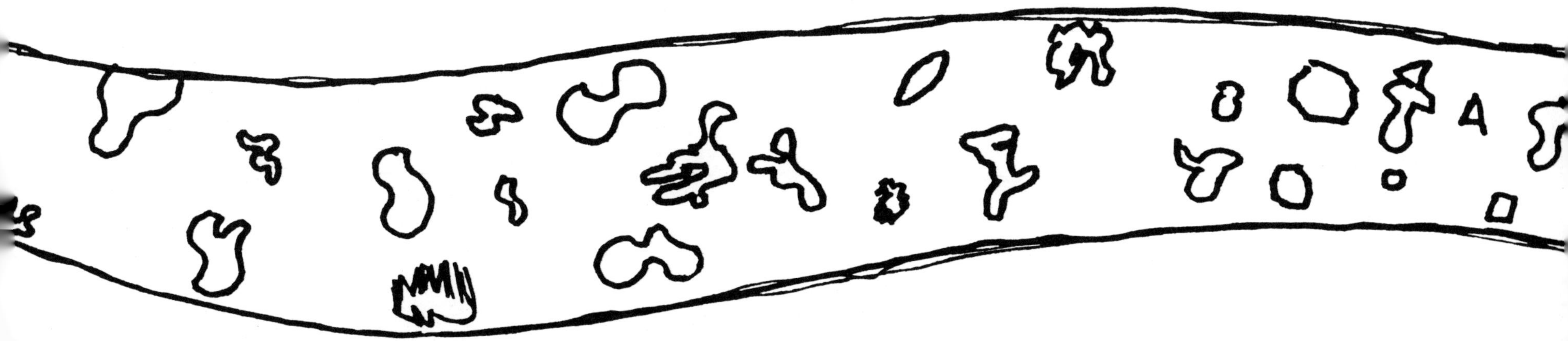

Los virus pueden pasar de una persona a otra de distintas maneras. Algunos virus, como los que causan el catarro y la gripe, pueden ser pasados al toser o estornudar. Estos virus son fáciles de contraer.

Algunos virus, como el virus que causa el SIDA, son más dificiles de pasar de una persona a otra.

¿SIDA? He oído de él, pero no sabía que el SIDA era causado por un Virus.

El SIDA es causado por un virus. El virus se llama HIV.

El virus HIV es muy distinto a los virus que causan los catarros o los dolores de estómago. El virus HIV es difícil de pasar de una persona a otra porque vive en la sangre.

El virus HIV es más peligroso que otros virus porque ataca las células blancas y las mata. Cuando una persona no tiene suficientes células blancas, se enferma y contrae lo que llamamos el SIDA.

¿Qué es el SIDA?

SIDA quiere decir:

Síndrome de

Inmuno

Deficiencia

Adquirida

Se dice adquirida porque la enfermedad empíeza cuando la persona es expuesta al virus.

Inmuno deficiencia significa que la persona no tiene suficientes células blancas para combatir infecciones.

Se le llama síndrome porque la persona con el SIDA tiene muchos síntomas y malestares.

¿Cómo Se adquiere el sida?

La gente contrae el SIDA de otras personas que tienen el virus HIV en su sangre.

Aquellos que usan drogas pueden contraer el SIDA si comparten las mismas agujas.

Un hombre o una mujer puede contraer el SIDA a través de una relación sexual con una persona que tenga el virus HIV en su sangre.

Los niños recien nacidos pueden adquirir el SIDA desde antes de nacer, si su mamá tiene el SIDA.

No puedes adquirir el SIDA:

- de picadas de mosquitos
- escusados
- de fuentes de agua
- tocando o abrazando a una persona con el SIDA
- de inyecciones en la oficina del médico
- tosiendo o estornudando
- compartiendo comida o jugetes

No puedes adquirir el SIDA de un mosquito

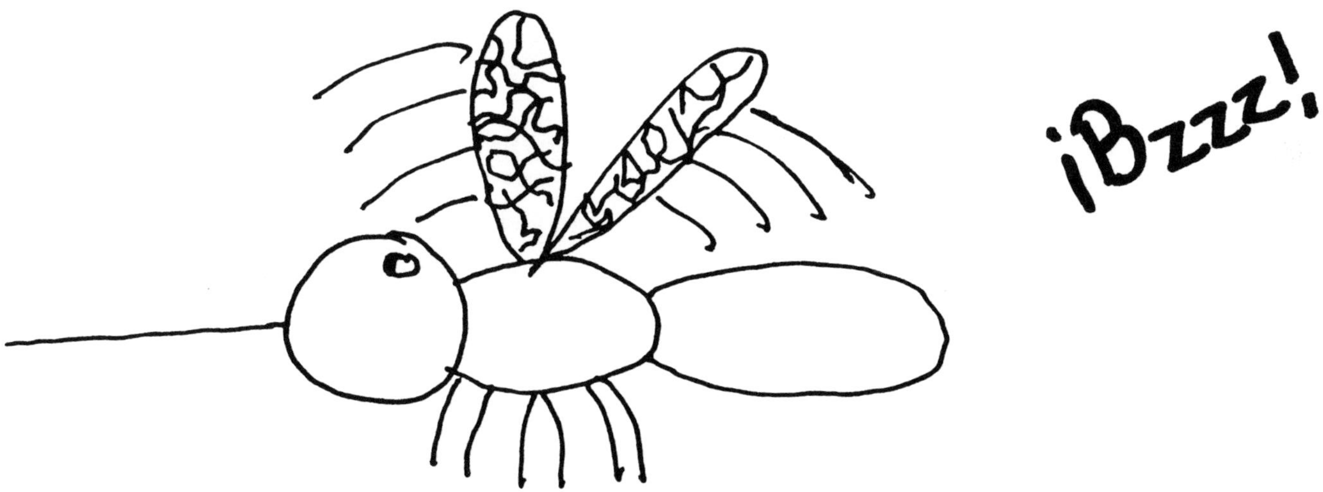

¿A quien le da SIDA?

A cualquier persona le puede dar el SIDA. Existen personas jóvenes y viejas, niños y niñas entodos los paises que tienen el SIDA.

Dibuja una persona con SIDA.

Un hombre con el sida
se pone flaco.

un recién nacido con sida.

La gente con el SIDA
Son igual a todas
Las demás
Personas.

Una persona
con SIDA.
una amiga.

Una persona con sida
Sintiéndose alegre.

Una persona con sida sintiéndose triste.

Una persona con SIDA sintiéndose enferma.

Un niño con SIDA jugando con sus amiguitos.

¿Qué le pasa a la gente con SIDA?

Algunas personas con SIDA viven por muchos años. Otras personas se ponen muy enfermas y mueren en un corto período de tiempo.

Una persona con sida

Al principio

Más tarde

¿Se encontrará una cura para el SIDA algún día?

Científicos y médicos trabajan arduamente para encontrar una cura para el SIDA. Ellos han encontrado medicinas que ayudan a algunas personas con SIDA a vivir más tiempo y a sentirse mejor, pero aún no tenemos una cura para el SIDA.

Algunas veces me preocupa el SIDA. ¿Qué debo hacer?

Si te sientes asustado o preocupado por el SIDA, puedes hablar con tus padres y maestros, tu médico o tu enfermera escolar. Ellos pueden contestar tus preguntas y ayudarte a entender más sobre el SIDA.

Es importante hacer muchas preguntas para aprender sobre el SIDA.

¿Cuáles son tus preguntas sobre el SIDA?

Estas paginas son para que tú puedas escribir cuentos o poemas, o dibujar cualquier cosa que quieras.

Recursos

Agencias y organizaciones en los Estados Unidos

National AIDS Hotline
Centers for Disease Control
800-342-AIDS (English)
800-344-SIDA (Spanish)
800-AIDS-TTY (TTY/TDD)

AIDS Action Committee
131 Clarendon Street
Boston, MA 02116
617-437-6200
617-536-7733 (Hotline)

National AIDS Information Clearinghouse
PO Box 6003
Rockville, MD 20850
800-458-5231

American Academy of Child and Adolescent Psychiatry
Committee on HIV Issues
3615 Wisconsin Ave., N.W.
Washington, DC 20016
202-966-7300

American Foundation for AIDS Research
1515 Broadway, Suite 3601
New York, NY 10036
212-719-0033

American Red Cross
AIDS Education Office
1730 D Street, N.W.
Washington, DC 20006
202-737-8300

Health Education Resource Organization (HERO)
101 West Read Street
Suite 812
Baltimore, MD 21201
301-685-1180

San Francisco AIDS Foundation
P.O. Box 6182
San Francisco, CA 94101
415-861-3397

AIDS Action Council
2033 M Street, N.W.
Suite 801
Washington, DC 20036
202-293-2886

The AIDS Health Project
Box 0884
San Francisco, CA 94143
415-476-6430

AIDS Resource Center
National PTA
700 North Rush Street
Chicago, IL 60611
312-787-0977

Sex Information and Educational Council of the U.S. (SIECUS)
New York University
32 Washington Place
Suite 52
New York, NY 10003
212-673-3850

Pan American Health
Organization/WHO
AIDS Program
525 23rd Street, N.W.
Washington, D.C. 20037
202-861-4346

AID Atlanta
1132 W. Peachtree Street, NW
Suite 102
Atlanta, GA 30309
800-551-2728

March of Dimes
Birth Defect Foundation
1275 Mamaroneck Avenue
White Plains, NY 10805
914-428-7100

American Academy
of Pediatrics
Committee on School Health
141 NW Point Boulevard
P.O. Box 297
Elk Grove Village, IL 60009-0927
800-433-9016

Association for the Care
of Children's Health
3615 Wisconsin Avenue, N.W.
Washington, DC 20016
202-244-1801

Pediatric AIDS Network
Children's Hospital
of Los Angeles
4650 Sunset Boulevard, Box 55
Los Angeles, CA 90027
213-669-5616

Agencias y organizaciones en Canada:

National AIDS Hotline
of Canada
800-267-7712 (English)
800-668-AIDS (English)
800-267-FIDA (French)

The Foundation for
Immune Diseases
400 Burrard Street
Room 1437
Vancouver, B.C. V6C 2H2
604-643-1730

Montreal Health Press
CP1000
Station Place Du Parc
Montreal, Quebec H2W 2N1
514-272-5441

Comité FIDA de Montreal
CP 5598 Fucc C
Montreal, Quebec H2X 3M2
514-282-9888

Canadian AIDS Society
267 Dalhousie Street #201
Ottawa, Ontario K1N 7E3
613-238-5014
613-238-4111 (Hotline)

AIDS Committee Toronto
(ACT)
P.O. Box 55, Station F
Toronto, Ontario M4Y 2L4
416-926-1626

Recursos

Libros para padres y maestros (en Inglés)

Sobre el SIDA:

Alyson, S. (ed.). *You Can Do Something About AIDS.* Boston: Stop AIDS Project and Company, 1988.

American Responds to AIDS. *AIDS Prevention Guide for Parents and Other Adults Concerned About Youth.* Washington, DC: Centers for Disease Control, 1989.

Quackenbush, M., and Villarreal, S. *Does AIDS Hurt?* Santa Cruz, CA: Network Publications, 1988.

Ralston, A. *What Do Our Children Need to Know About AIDS? Guidelines for Parents.* Novato, CA: Beneficial, 1988.

Sobre la sexualidad humana y educación sexual:

Calderone, M., and Ramey, J. *Talking With Your Child About Sex: Questions and Answers for Children from Birth to Puberty.* New York: Ballantine, 1982.

Gitchel, S., and Foster, L. *Let's Talk About. . . S-E-X.* Fresno, CA: Planned Parenthood of Central California, 1987.

Planned Parenthood Federation of America. *How to Talk With Your Child About Sexuality.* Garden City, New York: Doubleday, 1986.

Ratner, M., and Chamlin, S. *Straight Talk.* New York: Penguin, 1987.

Libros para niños en escuela elemental (en Inglés)

Hausherr, R. *Children and the AIDS Virus.* New York: Clarion Books, 1989.

Hyde, M., and Forsyth, E. *Know About AIDS.* New York: Walker, 1987.

Lerner, E. *Understanding AIDS.* Minneapolis: Lerner, 1987.

Libros para adolescentes (en Inglés):

Warren, C. *Understanding and Preventing AIDS.* Chicago: Children's Press, 1988.

Silverstein, A., and Silverstein, V. *AIDS: Deadly Threat.* Hillside, N.J.: Enslow, 1986.

de Saint Phalle, N. *AIDS: You Can't Catch It Holding Hands.* San Fransisco: 1987.

Hyde, M., and Forsyth, E. *AIDS: What Does It Mean to You?* New York: Walker, 1987.

Sobre los autores

David Fassler, M.D. es psiquiatra infantil con práctica en Burlington, Vermont. Graduado de la Escuela de Medicina de la Universidad de Yale, el Dr. Fassler recibió su entrenamiento en psiquiatría para adultos en la Universidad de Vermont, y en psiquiatría infantil en el Hospital Cambridge de la Escuela de Medicina de Harvard. Actualmente, es catedrático asociado del programa clínico del Departamento de Psiquiatría de la Universidad de Vermont, director del programa de educación continuada de esa misma institución e instructor de psiquiatría en el Hospital Cambridge. Dr. Fassler es también co-autor de una serie de libros para niños sobre transiciones en la familia.

Kelly McQueen es estudiante de medicina en la Universidad de Vermont. Recibió su bachillerato en biología en Colorado College. Kelly McQueen ha coordinado un exhaustivo proyecto de investigación acerca de las percepciones de niños sobre el SIDA. Tambien ha ayudado a producir una película educativa para niños sobre el SIDA.